RITUAL ROJO DE PRIMAVERA

RITUAL ROJO DE PRIMAVERA

Fernando Gudiel

Ritual rojo de primavera
Segunda edición, diciembre de 2021

Derechos Reservados

© Fernando Gudiel, 2015
© Fotos de portada e interiores: Vera Cancinos,
  Instagram: @veracancinos

Tessellata Libros

ISBN–13: 978-1-7369492-4-5

TESSELLATA BOOKS
Virginia, EE.UU (USA)
TessellataBooks@gmail.com

Contenido

el arte de la poesía   9

amarillo y rojo   — 15
el máximo señor gerente   — 16
mandatario de palacio   — 18
mientras Poseidón dormía   — 19
Mizaru, Kikazaru e Iwazaru   — 20
frenesí   — 22
animales al acecho   — 23
las nubes rojas   — 24
ratas   — 26
la vida es una hoja   — 27
su corazón se trasmutó   — 28
día sin dioses   — 29
pido asilo en la cárcel   — 30
hacinado en una bartolina   — 32
los búhos melancólicos   — 34
esperar por ti un silencio   — 35
angustiado   — 36

cambio de estación — 37
ritual de primavera — 41
Ah Puch, señor del noveno infierno — 43
en nombre del honor — 46
dos noches… — 48
en este mundo ordinario — 49
no es un problema existencial — 50
las ninfas — 51
bala mágica — 52
la madrugada de desalmadas calles — 53
sueños húmedos — 54
la resaca — 56
nuevo atardecer en el vecindario — 57
fantasmagórico el tiempo de la primavera — 60
sueños de perro — 61
shiteratura urbana — 62
proxeneta nocturno — 65
ecos habituales — 66
la noche se viste de vértigo — 67
Alcatraz — 68
sed de venganza — 69
canción, mientras el diablo danza — 71

acerca del autor   73

el arte de la poesía [1]

Por: Axel Javier Moreira, poeta y narrador guatemalteco

Fernando Gudiel, sin lugar a dudas, en sus letras maneja la crítica gubernamental y social de una manera limpia, jugando con todos los elementos que deambulan por allí, a nuestro rededor. Utiliza con suma precisión la metáfora que convertida en cualquier animal, suplanta –pide disculpas a los mismos por hacerlo– al humano en atinado señalamiento, sobre sus desbarajustes, su mal proceder, su indiferencia y otros, haciéndolo llegar de mejor manera a nuestra maza gris y poder ser digeridas en suculento banquete.

En la retórica, con escritura llana, sin mayores adornos, sin rebuscadas palabras, llega puntual al entendimiento de cualquier lector, quien verá con claridad a ratas vestidas de «tacuche» y a la garrapata prendida y sorbiendo de donde más duele, como lo son muchos personajes, parásitos de extrema codicia, que figuran en el eterno álbum de estampitas que se conoce desde párvulos hasta la universidad.

La nostalgia, la tristeza, la desesperanza, lo toman y trata de hablarle a la piedra, si, a la dura piedra, que calla ingratitudes, con lo cual considero que lograría su propósito, pero lamentablemente… la piedra no lee poesía. En sus líneas se paladea sutilmente la protesta, lo hace de la mejor manera porque en la mayoría de veces, las claras y concisas voces se pierden en la infame indiferencia, en el letargo del cruel silencio.

Desde luego no todo es gris y cruel, también el amor aflora como miel entre las voces que piden salvar y reavivar dicha fuerza, para convertirla en nuevo edén.

Logra, con su manera de regar la oscura tinta en papel blanco, el acercamiento con el lector quien con avidez caminará por sus letras, sintiendo las palpitaciones de su ser en toda la extensión de su magna obra, pues su sentir es de un joven corazón en *Ritual rojo de primavera*.

[1]- Prólogo a la primera edición

«Si más políticos supieran poesía y más poetas supieran política, estoy convencido de que el mundo sería un lugar un poco mejor para vivir».
John Fitzgerald Kennedy

amarillo y rojo

la primavera es una hoja
de papel amarillento
habitada por miles de hormigas
que transitan entre la serenidad y el caos
acarrean la piedra
sobrellevando las migajas de pan
transportando la basura de todos los días.

la vida de cada hormiga
en la abrumada primavera
se escribe con tinta roja
trazos escarlata
de color pasión
empuñadura del deseo
coraje del amor
el fuego del peligro
y la sangre.

el máximo señor gerente

por las mañanas
después de la ducha
pasa la mano sobre el espejo mojado
a través de la mirada
expresa su rostro
analiza su conciencia
sus temores
sus pasiones.

abre el grifo del lavamanos
el agua cae
se lava sus dientes
luego se peina
la calvicie se anuncia.

toma del clóset
su traje y se viste
da una última mirada
al sucio espejo del dormitorio
verifica que la camisa blanca esté nítida
que el pantalón azul no esté arrugado
que la corbata roja esté bien hecha
y sus zapatos estén bien lustrados
para luego ponerse el saco azul.

agarra su portafolio
repleto de facturas por pagar
sale de la casa
camina por las concurridas calles.

con una fingida sonrisa
saluda a más de algún conocido
él es una persona muy ocupada
camina y camina
desgasta la suela de sus zapatos
se mantiene muy ocupado
porque él es otro número
en las estadísticas del desempleo.

mandatario de palacio

no te imaginas
lo que es tener una garrapata
pegada en el testículo derecho.

la maldita no se desprendía
sus patitas estaban bien agarradas
no se desprendía la maldita
lo peor de todo
es que me miraba con cierta saña
la halaba y halaba
pero no se soltaba
hasta que al fin cedió
como déspota derrocado.

sin embargo
me dejó una infección
como un mal social
que con el tiempo se determinará
si habrá mejoría o no.

mientras Poseidón dormía

mientras Poseidón dormía
caminé por la orilla del mar
una danza en el aire confeccionaban las gaviotas
fue un ritual de hermosura azul
sentí mariposas en mi vientre
el viento fresco del mar
y el suave rumor de las olas
fue el augurio de una calma total
un paraíso en el límite
me acerqué a ella
quien concebía la arena
con su pelo azabache
la perfecta amante
la sueño despierto
mis brazos como olas besándola
qué bella se miraba
qué exuberante era.
qué deslucido me sentí en esa mañana
ante sus ojos perdidosen la nada
y enteramente su piel azulada.

Mizaru, Kikazaru e Iwazaru

en un mundo de espanto
hay almas en quebranto
tenemos un temor oculto
anhelamos una paz trivial
siento la inmensidad de un dolor.

reflexiono sobre todo
y son pensamientos de idiotez
de amargura cual hiel
o simplemente será una conjetura
que recorría mi mente
los tres monos sabios,
   viviendo entre la mugre y la fantasía.

porque ves cosas irreverentes
las imágenes te descuartizan
el problema radica en que **Mizaru** expresa
que los ojos se desgarran
si alguien te ve y ha visto lo que no debiste ver;
¡te implican!
por lo que tendrás que huir
de lo contrario te atraparán
te desaparecerán.

Kikazaru explicaría que los oídos se perforan
porque oyes la estridencia del sufrimiento
los pensamientos giran y gritan
quieres hacer algo al respecto,
pero temes hacerlo.
más ideas se adhieren a tus emociones
una psicosis recorre tus pensamientos,
hasta que terminas en la locura.

Iwazaru simplemente callará
las palabras se castran
porque las lenguas se mascan
con ideas comprometedoras que llevan a la ruina
o a la cripta
... en el silencio eterno.

frenesí

toca la puerta
el inhumano dios de los vientos
con indeleble rabia
exhala / inhala.

hay un espejo fracturado en la puerta de entrada
yacen tirados unos zapatos a media sala
una gota roja en la alfombra blanca
un gato negro circunvala un florero sin flores.

el inmaculado televisor grita sus histerias
de una película en blanco y negro
la estática persistente en su imagen
con su desesperante quejido.

cuelga torcida en la pared de matices claros
una barata copia de Kandinsky
hay huellas de unos dedos en la mesa de vidrio
una botella de elixir
dos copas vacías.

en la cocina un tiempo sin funcionar
un porta cuchillos abre sus fauces
un desolado y sombrío pasillo
la puerta del dormitorio a medio abrir
luego todo es silencio.

animales al acecho

clandestinamente sigo tus pasos
en la oscuridad de las calles vacías
voy sobornando a la luna
y las estrellas se hacen de la vista gorda.

abruptamente te tomo por el brazo
te robo un beso apasionado
en mi rostro siento tu palmada
luego mis ojos te hipnotizan

tiramos nuestras máscaras
en el abismo del olvido
como animales salvajes nos devoramos
desgarramos nuestras prendas
nuestras pieles yacen en la jungla de la vida.

nuestra lujuria armoniosa
no hace caso al qué dirán social
los mirones que nos observan morbosamente
dioses ocultos y la muerte.

somos metales ardientes fusionándonos
en un nuevo alado monstruoso ser
juntos volaremos en el torbellino del cosmos
hacia el infinito absoluto.

las nubes rojas

¡cómo recuerdo ese día!
amigo.

cuando llorabas desconsolado
impúdicamente castrado
desangrándote a mares
el cielo resquebrajado
las nubes rojas
y el sol vomitando fuego
en tu desencajado rostro.

mientras los policías se miraban
–imbécilmente–
los unos a los otros
los perros consumían
lo que quedaba de tus testículos
y le decías al oído a Van Gogh
tus últimas plegarias.

en tu agonía divisabas las lágrimas
que brotaban del mugriento niño
de ser alado y divino
que te observaba con desaliento
e inocencia en sus ojos.

¡ojalá! y así fuese la mirada
de este mundo insensible
esta sociedad consumista
de politiqueros comediantes
con manos ligeras
y maldades farsantes.

ratas

con todo respeto a las ratas
pero conozco unas
que algunos las idolatran
mientras desenvainadas solas observan
sus corruptos quehaceres diarios

éstas son ratas que babean sermones retóricos
brindan en nombre de la paz
cuando su corazón da alabanza a Barrabás
poder y más poder sus sueños eróticos.

en la mesa redonda escupen sus planes diabólicos
beben un cáliz con sabores hipócritas
deleitanse con manjares de alegrías alegóricas
y distorsionan todo principio salomónico.

éstas viciadas ratas devoran esperanzas
y se les puede ver en cada rincón del planeta
en cada rincón donde lloran las madres
donde los huérfanos gritan de dolor
donde suplican los hambrientos,
donde tú y yo estamos sedientos de libertad.

la vida es una hoja

me decías que la virgen posiblemente se estaba bañando mientras observábamos juntos, agarrados de las manos, el arcoíris en el horizonte. nos recostamos juntos en la banca del parque, me pediste que te abrazara fuertemente y que te dedicara un hermoso poema antes que el mundo se aproximara a la debacle total. abruptamente desperté del letargo de los sueños, me sentí solo en una habitación fría. miré por la ventana. algunas vidas son hojas que se extravían en un vendaval.

su corazón se trasmutó

su corazón se trasmutó
    en cámara frigorífica
        para despertar helado en el verano
en un frío descomunal del invierno
donde tiemblan los sables blancos
las orejas se congelan a punto de gangrena
los ojos se resecan como piel de iguana
    ni siquiera un té bien caliente
        con el dedo meñique levantado
al estilo inglés
    quita el inmenso ardor
        que se siente hasta en los huesos
y el corazón se hiela como invierno.

día sin dioses

ojos de mujer que lamen mi corazón
suturado con larvas
tengo jaurías de suspiros desgarrando mis sienes
en esta soledad llena de amargas hieles
de viles amores he sido esclavo.

café endulzado con escupitajo del diablo
sentado en una banca tomando ansias
degusto unas fresas y uvas rancias.

luego observo una mosca en el atrapa sueños
un longevo cuervo en el gris amanecer
una colorida mariposa en un nuevo renacer.

el silencio sabático se rompe
con el rugir de un motor
el conmovido llanto de un niño
y el arrullo cariñoso de una madre.

pido asilo en la cárcel

pido asilo en la cárcel
entre inmundas paredes.

es una condena estar aquí
lamento que las cosas se dieran así
mi corazón se ha desleído en hielo
y los globos de colores se pierden en el cielo.

a lo lejos oigo
el risueño clamor de los animales en celo
con los ojos abiertos en desvelo
el dolor es un rechazo de compartir un manzano
nunca es igual cuando un corazón está marcado.

que patético es estar aquí
encerrado entre inmundas paredes
recordando glorias pasadas
que se han esfumado en la nada.

en un estado de confusión esotérico
es como conducir el automóvil de un ciego
sientes que nadie escucha tus ruegos
pasas el alto y no empujas el freno.

tus demonios internos de repente
son una distorsión en tu mente
juegan contigo a la ruleta rusa
y al final todo es más que puras excusas
para inventar esta cárcel dentro de ti.

su faz es un hipnotismo
corriendo por la orilla del abismo
un mal paso y resbalas hacia la nada
con tus manos tratas de sujetarte del viento.

hacinado en una bartolina

estoy hacinado en una bartolina
placenta construcción terrenal
cruel averno en mis costillas
para nunca despertar.

descomunales gotas
de lluvia ácida hostigan
río a río asciende la tortura
la cordura se agrieta más y más.

parásitos que infestan el alma
arlequines de la vanidad me arropan
vampirezcas musas me besan
ángeles verdugos bailan conmigo

alevosos ojos de la discordia
te escupen las miradas
y el bullicio de la ignorancia
te ultraja
te apuñala.

un relampago fragmenta la oscuridad
la claridad crea un poco de esperanza
una miseria de salvación
luego una lágrima cae de un bello rostro

y ella dice:
>   «dame tu mano, amor».

los búhos melancólicos

es otra triste y mística noche
es un recuerdo bajo la luna roja
me ahogo entre mares de ron
tengo otros aleros en la sombra
somos búhos melancólicos
enigmáticas aves de rapiña
devoramos estrellas fugaces
buscamos el olvido en las tinieblas
buscamos inventar la luna
creamos una memoria alterna
otra dimensión de vida
talvez una utopía
creamos poesía de las sombras
creamos nuevos silencios.
pasan y pasan las horas
hasta que la luz reinventa el amanecer,
pronto vendrán otras oscuridades
seremos otra vez los búhos melancólicos
volveremos a devorar pasados
volveremos a inventar la luz
seremos de otro mundo efímero.

esperar por ti un silencio

no sé si esperar por ti
entre esta nostálgica noche
y el lánguido amanecer
no sé que esperar
porque las luciérnagas flotan en el aire
las ramas de los árboles danzan solteras
las sombras son el viento sin cesar
y tu silencio
es un cementerio clandestino.

angustiado

angustiado levité
estaba en un cuarto pintado de verde
con mugrientas paredes

lentamente vi la grotesca mujer
con sus harapos transparentes
inmundamente sucios

bajó de las gradas
no me quitó los ojos de encima
me observó fijamente
con sus albos ojos

mi corazón
era una bomba de tiempo
a punto de explotar
ella lo sabía
por eso me miraba plácidamente.

cambio de estación

el día que cambió la estación
un diástole y alma
encerrada un capullo
de luz en la oscuridad
tenía la espiritualidad mundana
sin arrullo.

cuando cambio la razón
mi devoción es aflicción que florece
en esos escuálidos despertares
tengo la mente deslucida
y los ojos desorbitados
soy como un divertido burro alado
recorro la misma calle angosta
entre decrépitos bosques sin hojas
todo está negro y gris
tengo sueños de aserrín.

no queda nada sagrado
todo está distorsionado
erosionado
una canción
una pasión
en soledad.

y este imbécil burro alado
con sus decrépitas alas para volar
hacia un nuevo porvenir
en este mundo de amargos manjares
escuálidos despertares

reír o rebuznar
sonreír y rebuznar.
o mejor soy silencio
simplemente he de morir.
he de morir en silencio.

soy una bala perdida
danza herida
abrazo a los ángeles caídos
sin suerte jugamos ruleta
apostamos a la rueda de la fortuna
llegamos a la locura
los ángeles adictos y yo
coqueteamos con doña muerte.

hoy en el cambio de estación
el capullo
la transmutación
volveré a nacer
habrá metamorfosis en mi ser

...¿o acaso seré
la misma caricatura
en un escuálido mundo cruel
con amores de burdel?

ritual de primavera

el ritual de primavera
es una danza pagana
existe un sacrilegio en cada amanecer
todo penetra por nuestros poros
el caos es la visión
la agonía, el placer.

el ritual de primavera
pasa por siniestras mentes
la vida pasa corroída de poder
abatida de muerte.

es en la eterna primavera
que el abucheo de las masas
pasa desapercibido
cuando el desorden es ley
las bocas se hacen oír
¿pero quién escucha?
¿quién hace algo?
no hay acción – solo lengua.

es una disonancia sofisticada
–al estilo Stravinsky–
que se escucha como el viento

pero pasa el día
y la memoria se borra
los estados emocionales
se alteran
hay una lobotomía de las masas.

en el ritual de cada amanecer
la primavera es eterna
y se danza
en movimiento perpetuo a morir
es el venerado sacrificio
al dios de la primavera
al dios amarillista
de todos los días de muerte.

Ah Puch, señor del noveno infierno

aún paralizado en el tiempo
vuelve a mi mente
esa lóbrega noche
en que las estrellas se habían marchado
como enjambre de avispas
rumbo a un nuevo hogar.

en la negrura de la noche
elogiamos la ebriedad
y pernoctamos bajo la luna
–un satélite disfrazado
con su máscara de pantera negra–

conversábamos sobre cosas sin mayor relevancia
platicamos sobre nuestros empleos
discurrimos sobre la vecina
–lo bella que es—
conversábamos sobre fútbol
platicamos sobre religión
discurrimos sobre política,
–lo jodido que está el país–

y tú, Ah Puch
señor del noveno infierno
estabas clavado frente al televisor
hipnotizado
idiotizado
como zombi con hambre
hambre de morbo
viendo imágenes inhumanas
imágenes de juegos absurdos
–LA GUERRA–
imágenes con tonos rojizos
a veces grises
imágenes sin sonrisas
todo es miseria
todo es dolor
una pareja de niños desnudos
llorando a cántaros
corriendo hacia la destrucción
corriendo hacia el futuro
un futuro sin tiempo ni esperanza.

recibí esa llamada telefónica
con voz entrecortada y anónima.
colgué el teléfono
vi las noticias
nuestros ojos se tornaron sangre

un brindis hacia nuestro querido amigo
—al que sus padres fueron a identificar a la morgue—
pero cómo lo podían reconocer
¿y dónde está su cabeza?
¿en dónde está?
sólo por esa marca de nacimiento;
Q.E.P.D.

y tú, Ah Puch,
reías
y te carcajeabas
sencillamente
disfrutabas las escenas del televisor;
de reojo mirabas la tristeza en nuestros ojos
mientras acariciabas a tu horrendo perro
gritabas con voz imponente
que te sirvieran
en bandeja de oro
otro sándwich de pollo.

en nombre del honor

¡mis ojos no lo podían creer! estaba enrabiado. una espuma agria salía de mi boca, no podía quitarme de la cabeza esa profana imagen. ¡era ella!, ¡era ella! rodeada de otros brazos, otros labios endulzaban su encanto, otra boca succionaba —como una sanguijuela— el amor que ella sentía por mí, le sorbía todos los recuerdos, todo nuestro pasado. como la acariciaba ese maldito, como mimaba sus pechos, sus glúteos eran agasajados por sus manos asquerosas, como besaba su cuello; y ella sonreía con picardía, ella correspondía a sus caricias, le devolvía sus besos, se sonreía y se burlaba de mí. yo no podía quedarme de brazos cruzados, no podía quedarme así, tenía que enfrentarme a ese ladrón, tenía que salvar mi preciado honor. reflexioné, ¿qué pasaría por la mente de Alexander Pushkin antes de batirse a duelo con ese rufián?, ese infeliz, ese canalla, ese truhán que seducía a su querida esposa. encolerizado corrí hacia la habitación, abrí la gaveta de la mesa de noche, saqué una Smith & Wesson modelo 500, totalmente cargada. me dirigí hacia esos farsantes. ella al verme abalanzarme ante ellos, arma en mano, se apartó apresuradamente de él. él se volteó y también sacó un arma. estábamos listos para el duelo. yo totalmente enrabiado, listo para disparar, vi como una gota de sudor le caía lentamente de su frente, vi como las pupilas de sus ojos se dilataban. estaba apretando el gatillo para acertarle en medio de los dos ojos. apunté. ¡FUEGO! y caí frente al espejo.

dos noches...

son dos noches seguidas y siento que ella me abraza por detrás, con escalofriante dulzura. el miedo se apodera de mí. tengo el pecho apretujado. estoy recostado de lado, con mi cuerpo sobre el brazo derecho. abro lentamente los ojos. frente a mí veo, en la oscuridad, el closet a medio abrir. por detrás, con mi mano izquierda, trato de rasguñarle su brazo. tomo fuerzas, hago un rezo al creador para que me proteja, volteo para ver quién es. su rostro lo veo borroso. abro más los ojos y luego solo observo, es el silencio de la nada.

en este mundo ordinario

en este mundo ordinario de paradigmas absurdos de la desdicha, vamos navegando viento en contra en desatinados barcos de papel. mientras tanto, semidioses contemplan los profundos mares de hemoglobina, ellos son como los sueños friccionados de los icebergs; son crueles, desalentadores y letales.

no es un problema existencial

no es un problema existencial
pero la existencia del ser está en problemas
afuera cae granizo de balas
—es un ensordecedor sonido de un arma
sofisticada—
sin paz exterior
aunque haya paz interior
tenemos anfetaminas para calmar el dolor
hidratamos la reseca boca
con un vaso repleto de vodka
la existencia se ha suicidado
y yo sigo a la deriva.

las ninfas

las hermosas ninfas viven en lugares del misterio
dulcifican nuestros oídos
con sus melodiosos cánticos
con su poesía encantadora
jugueteando con nuestra razón
nos embriagan con sus elíxires, con sus vinos
empalagando nuestra lujuria
hasta la saciedad decadente.

bala mágica

como la bala mágica
que profanó el silencio universal
flota en el aire
—un vómito celestial—
distorsiona los ojos mirones
apiña los dientes
pone los sueños de rodillas
eyacula en las mentes.
mientras que las putas y viudas
se entristecen en escondrijos
y las vírgenes
amamantan a sus hijos
los pedófilos se excitan
con los trajes de monaguillos
y las larvas son vulnerables presas
a los cantos del demagogo
por el arma de manipulación social.

la madrugada de desalmadas calles

la madrugada al filo
pienso en ella al observar las luces en el cielo
sus grandes brillantes ojos son cometas distantes.
mis manos sujetan el volante hacia la nada
conduzco sin compás por las desalmadas calles
donde prostitutas, travestis, policías y borrachos
agonizan al ritmo de la oscurana
y de repente un impertinente bocinazo
    previo al instante que dos autos colisionan.
la soledad anida en mi regazo
    mi ánimo en mil pedazos viaja nocturno
hoy me encuentro solo
    habito en el olvido como Crusoe
en la isla del desaliento pienso en ella.

sueños húmedos

y que te puedo decir: que soy un *wannabí* poeta que puede escribir los versos más cursis del mundo, para personas muy sensibles; o la persona que puede escribir los versos más hermosos, para enamorar y despertar a esa bella durmiente, que necesita revivir de un profundo sueño. pero este *wannabí* poeta considera que lo más conveniente sería mejor escribir y dedicarle unos versos al ángel de la muerte. ¿por qué? porque dadas las circunstancias en las que vivimos en esta distopía primaveral, una realidad de espanto peor que jugar a la ruleta rusa, se danza y baila a morir, moviéndose con una sonrisa falsa, en esta tierra donde todo queda en la nada, en ese vacío omnipresente de todos los días, donde cada amanecer se viste de smog y bosteza como rugido de bocina y más de alguna que otra grosería, por no decir mentada de madre, que se hacen los conductores de un auto al otro. es mejor escribir sobre ese triste malestar de las masas, donde la incertidumbre ronda por las calles, por veces retorciéndose en el suelo de la risa, con su risa burlona de hiena histérica y traicionera, esa inseguridad carroñera –que pone los pelos de punta– que se alimenta de sueños sin cumplir y heces fecales. en fin que te puedo decir, que puedo escribir unos cuantos versos de esa naturaleza, emanados desde lo más profundo de mi alma. ¿Pero con qué escribir? si no cargo conmigo un pedazo de papel, ni lápiz o lapicero, sino más bien tengo en mi mano, un arma con tolva llena de balas, preparada solo para halar el gatillo y sobrevivir un día más.

la resaca

la gran resaca que provoca
la cotidianidad en la que vivimos
de una sociedad indiferente
con palabras mudas
con gritos estridentes
todo se fragmenta
en el eco de un río
cuyas aguas convergen
en el alcantarillado.
allí surge una paz interior
se mezcla con el místico olor
de una sombría madrugada
con los helechos por las lágrimas de la noche.
¡qué tan insignificantes
nos vemos en este mundo!
somos tan pequeños como hormigas
pero somos tan puros
capaces de transformar un rostro
al brindar una leve sonrisa.

nuevo atardecer en el vecindario

era un nuevo atardecer. al salir de la habitación pudo observar la belleza de las flores que había en el pequeño jardín. era tan pequeño, pero con tantos colores, como los de un arcoíris. además, podía acariciar con sus propias manos. disfrutaba del olor, de tanta delicia. vivía con tanta frescura. la clorofila que decoraba la pequeña casa en el vecindario. era tan verde como sus ojos; verde como los bosques del amazonas, verde como los bosques del mundo maya. las flores daban armonía al pequeño jardín, su coloración roja, amarilla, naranja, blanca daba un equilibrio a la vida. éstas hacían un movimiento para atrás, otro para adelante, se mecían en el viento que retozaba con ellas. apreciar las flores y sentir su aroma lo hacía feliz, inmensamente pleno. se deleitaba al escuchar las voces de los niños, quienes jugaban en el vecindario, unos corrían, otros saltaban, otros montaban bicicleta, un grupo jugaba con un balón al futbol, en fin; risas, algarabía y alegría inundaban su espacio. las risas arrollaban todo como un violento tsunami, solo que lo vencía con un ambiente de gran energía positiva. lágrimas salían de sus verdes ojos, al observar tanta belleza en la flora, tanta belleza en los tiernos e inocentes rostros de los niños. habían pasado siglos desde que su corazón rebozara de tanta alegría; gozo de ver tantas cosas bellas que hay en este mundo; tanta armonía se palpaba en el vecindario. un recuerdo lo invadió, era él cuando niño jugaba futbol como un diestro deportista frente a sus padres; suspiró y su memoria se llenó cuando corría por la playa con su novia. de pronto esa alegría se convirtió en nostalgia, no eran lágrimas dulces que salían de sus verdes ojos; ahora eran agridulces. recuerdos perturbadores reinaban de nuevo en su mente; eran memorias de rostros de niños tristes, rostros de madres angustiadas, rostros de hombres impotentes de proteger a su familia; memorias de amigos que jamás volverá a ver, de cuerpos esparcidos; recuerdos de miradas malévolas, de palabras agitadoras que incitaban el odio. él sabe que los buenos tiempos jamás volverán; que tendrá que luchar para seguir adelante en esta miserable vida. hay momentos de desidia y desesperación que carcomen su corazón. incrustado en su mente persisten los recuerdos perturbadores que vive hoy, él es un traumatizado y mutilado soldado de la guerra final.

fantasmagórico el tiempo de la primavera

más allá de las sabias palabras de mi flaco abuelo, con su mirada serena y sonrisa discreta. el canto del gallo al amanecer, el mugido de las vacas y la leche golpeando dentro de las cubetas, que produce una resonancia musical. en esa paz, en ese plácido amanecer, en ese estado de nirvana, donde el viento soplaba gentilmente sobre las palmeras, los rostros de la muchedumbre. donde los árboles, la grama, las flores estaban mojadas por el sereno de la noche anterior. sin embargo, más allá de ese estado de nirvana, el llanto silencioso, de saladas lágrimas de las ánimas, sangre en los ojos. Ares, Hera, Némesis y las Euménides —los dioses de todos los días— rondaban en los bosques, en las milpas, en los cafetales, pueblos, haciendas. rondaban por todas partes del bello, pero ensangrentado país de la eterna primavera. ¿Rondaban? ¿RONDABAN? aún esos dioses y fantasmas del pasado nos agobian todavía.

sueños de perro

soy un desdichado perro sarnoso, merodeo la ciudad. busco pan para saciar el hambre, la basura me ayuda a subsistir. tallo un porvenir y por ver está la tormenta, más una patada me meten. pido a dios no una bala recibir. sueños de perro, de orto en orto, sin anhelos y sin un bonito porvenir. sueños de perro, de orto en orto, sin anhelos y otra desgracia está por venir. sueños de perro.

shiteratura urbana

un poema es el ojo del huracán
el dios que lo observa todo
es el feroz viento
la brisa del mar
la mano que te alimenta
el yo existencial
es la alegría efímera
el placer egocentrista
el dolor ajeno
el sufrimiento personal
un laberinto pasional
la relación extramarital
la lujuria del primer beso
el sexo paradisíaco
el amor platónico
el amor entre machos
el amor lésbico
el amor en alquiler
el amor de madre y padre
el rechazo doloroso
el llanto de un recién nacido
la mirada de un niño abandonado
el esperma sobre el monte de venus

la eyaculación precoz
una buena felación
un preservativo roto
una pintura de Rotko
un espejo roto
una jeringuilla en el baño
un anillo de compromiso
las sábanas ensangrentadas
la daga en la escena del crimen
una estrella fugaz
otro cuerpo mutilado
los borrachos tirados en las banquetas
un vómito a media calle
el olor a orines en las paredes
las señales de tránsito baleadas
una prostituta vapuleada
una mariposa desahuciada
las ratas de las alcantarillas
un drogadicto y sus pesadillas
una prisión con inocentes
reos jugando fútbol con una cabeza
un trofeo de tiro al blanco
gusanos merodeando en viejos senderos
cantando un viejo limosnero
un casanova y su bella durmiente
un travesti en la esquina

y un auto diplomático haciendo la parada
un féretro bajo la lluvia
una rosa roja perfumada
un viejo dibujando el crucigrama de su vida
unos novios enamorados en la esquina
una perra en brama abandonada
una caja de seguridad abierta
la luna durante el día despierta y vagabunda
una estrella distante en la arista
un vestido de noche deslumbrante
un mundo inmundo moribundo
una pelea de gallos a muerte
una espuela incrustada en la femoral
los delincuentes y su arsenal
un oasis envenenado por la discordia
los cuatro jinetes apocalípticos quebrantando
anhelos
un ángel caído en tu quimera
el acróbata de circo acostado
el trapecista de la vida
tú recorres por la cuerda haciendo malabares
arriesgando todo
un poema es un paradisíaco y dulce sueño
la ilusión de las musas urbanas
en esta distopía de mierda.

proxeneta nocturno

> *dales vuelta,*
> *cógelas del rabo (chillen, putas)*
> *azótalas.*
>
> Octavio Paz

a lo lejos, en la oscuridad, hay una mesa con una hoja en blanco. la adorna un vaso con alcohol, el cual sorbo en sorbo se evapora. de testigo el humo del cigarro se desvanece en la nada. estoy en un bar a la sombra. tengo en la mano la pluma inquisidora. te distraes y observas desde la ventana, el apareamiento de la luna con las estrellas. ves a las trabajadoras putas que se pasean de un lugar a otro. las letras son tus ninfas de la perdición, que se van con el mejor postor, son tus tristes seres que fornican con la mente del lector.

ecos habituales

tenemos sonidos estrambóticos
        que se escuchan en las sombras del chacal
¿acaso es la risa de las hienas
        que se burlan de nuestra desazón?
¿o será el aullido de ráfagas letales
        que alimentan a la muerte amarilla?
¿o el llanto de ánimas
        cuyos latidos se retuercen de dolor?
puede ser el sonido de las agujas del puñal
que advierte que se aproxima
        el final de la función
y nadie pondrá off a la vida
seremos siempre esa duda.

la noche se viste de vértigo

la noche se viste de un negro vértigo, la ciudad se engalana de ese llamativo color rojo. tiene su vientre desnudo, los pechos descubiertos provocan lujuria. corazón sin latir, diástole sin amar, sístole sin soñar. mírala directamente a sus ojos blancos, sin fulgor, sin vida. la noche se viste de un negro vértigo.

Alcatraz

los espermas de la transgresión
transitan por el zaguán del infierno
unos cuantos quemándose
         en los pasillos de la desesperación
otros pocos ahogándose
         por los tóxicos que emite la
desmoralización
los últimos bastardos
sucumben de cansancio
cerca del triunfo
sólo uno
¡pero sólo uno!
llegará a la gloria absoluta
hacia el nuevo despertar sublime
de un mundo hostil.

sed de venganza

esa inmensa ansia de gritar a punto que los pulmones se expulsan de la boca. un alfiler rencoroso atraviesa el alma, esa sed de venganza que envenena todo juicio. la ira transmuta al hermoso ángel en un espeluznante desalmado nuevo espécimen, cual flameante mirada de fuego localiza la causa de su desazón, el objetivo en cuestión y no le bastará las súplicas que invoque la presa a los cuatro puntos cardinales, por eso con temple de hierro, ensarta al desdichado la daga directo al corazón. el sonido que engendra el cuerpo contra el asfalto desestabiliza el cosmos; y el vengador se desvanece en la penumbra de las sombras. la luna, las estrellas y las calles vacías serán las únicas pruebas del ritual rojo, consecuentemente todo será una placidez simulada en la urbe primaveral.

mientras el diablo danza con la muerte
se retuercen las alas de tu alma
mientras el diablo danza con la muerte
se retuercen las alas de tu alma
es una repugnancia difícil de eliminar
que termina revolviendo tu estómago
vomitas sangre en suelo sagrado
malditos verdugos que escupen tu faz
malditos verdugos que escupen tu faz
malditos verdugos que escupen tu faz
malditos verdugos que escupen tu faz
mientras el diablo danza con la muerte
se retuercen las alas de tu alma
mientras el diablo danza con la muerte
se retuercen las alas de tu alma
con alevosía se ríen a tus espaldas
tiñen de luto los tonos de la primavera
se masturban y asean con tu bandera.

acerca del autor

Fernando Gudiel nació en Nueva York el 11 de noviembre de 1973. En 1980 emigró a Guatemala donde estudió y se graduó de Administrador de Empresas. Obtuvo un postgrado en Economía y Finanzas y un Máster en Negocios. En el 2003 retornó a los Estados Unidos.

Es integrante y fundador del Círculo Literario Letras Vivas de Virginia, así como miembro de la Academia Norteamericana de Literatura Moderna Internacional. Ha publicado los poemarios *Lágrimas de pájaro cautivo* (Letra Negra, 2012, Tessellata, 2021) y *Mosaico de amores y atrocidades* (Tessellata, 2021); la colección de relatos *Zánganos de Xibalbá y otros inframundos urbanos* (Pukiyari Editores, 2019). Su narrativa aparece en la antología de relatos latinoamericanos *Voces desde el encierro* (Editorial X, 2021).

«Se creía que el derecho divino de los reyes era ineludible, pero los seres humanos pueden resistir y cambiar cualquier poder humano. La resistencia y el cambio comienzan a menudo en el arte, y casi siempre, en nuestro arte, el arte de las palabras».

Ursula K. LeGuin

www.ingramcontent.com/pod-product-compliance
Lightning Source LLC
Chambersburg PA
CBHW060215050426
42446CB00013B/3079